AF315911

SOCIÉTÉ D'ANTHROPOLOGIE DE LYON
Séance du 5 Décembre 1903

RELIGION
ET SUPERSTITION
EN CORÉE

PAR

Emile BOURDARET

Ingénieur de la Maison Impériale de Corée.

LYON
A. REY & Cⁱᵉ, IMPRIMEURS-ÉDITEURS
4, RUE GENTIL, 4

1904

RELIGION ET SUPERSTITION

EN CORÉE

Il n'y a pas, à proprement parler, de religion nationale en Corée. On y pratique trois cultes principaux : le culte confucianiste, le culte bouddhique et le culte des esprits. A mon avis, ce dernier est, de tous, le plus important, celui que tous les Coréens, depuis le grand fonctionnaire jusqu'à l'humble travailleur, accomplissent avec le plus de soin, car on peut dire qu'ils sont, avant tout, des adorateurs d'esprits. Toutes les idées, toutes les croyances religieuses, doctrine de Confucius, religion de Fò, superstitions, magie, sorcellerie, géomancie viennent de la Chine, qui fut l'éducatrice de la Corée en toutes choses, mais cependant le culte des forces de la nature, si vivant en Corée de nos jours, repose sur un fonds de superstitions populaires propres au pays et aussi anciennes que lui.

Le culte des esprits peut être regardé comme la forme première des idées religieuses, non seulement de la Chine, mais des peuples mongols en général. L'évolution s'est faite plus tard en Mongolie et en Chine, mais, à côté de la religion officielle, on constate toujours la survivance d'une catégorie de magiciens, non sans prestige, parmi les tribus de la Mongolie, où ils sont appelés « chamanes ». Les Chinois, à l'aurore de leur histoire, voyaient aussi partout, dans tous les phénomènes de la vie, l'œuvre de génies bons ou malfaisants. La terre, le ciel, les mers, les montagnes, les rochers, les fleuves étaient animés d'êtres invisibles et toujours présents, et l'homme défendait sa faiblesse contre tant d'ennemis au moyen de conjurations, de prières, d'exorcismes, d'offrandes. Dans la hiérarchie qui n'avait pas tardé à être établie entre tous les esprits, l'empereur de la Chine s'était réservé de faire des offrandes au Ciel, qu'ils appelaient « Tien ».

Du IVᵉ au XIVᵉ siècle, le bouddhisme régnait en Corée, où il était la religion officielle. A partir du XIVᵉ siècle, il fut remplacé par le confucianisme. En même temps que la Corée adoptait alors le calendrier et, par conséquent, la façon chinoise de compter les années, elle prescrivait la doctrine de Confucius comme religion officielle, et des lois sévères condamnaient ceux qui ne se soumettraient pas à ces nouveaux rites.

Compris seulement par une élite de lettrés, ni le bouddhisme ni le confucianisme n'ont eu de prise sur le Coréen ; il se prosterne, il offre des sacrifices, mais sans comprendre. Seule, la croyance populaire aux esprits a dominé sur l'imagination des ces êtres foncièrement ignorants, naïfs et puérils, et elle en a fait un peuple extrêmement superstitieux. On peut dire que toutes les femmes et les trois quarts des hommes en Corée sacrifient à tous les esprits et démons dont ils ont peuplé la terre, les maisons, les arbres, le ciel, etc. Le reste suit la doctrine de Confucius, et peu ou pas sont restés bouddhistes. Et la conception religieuse de la plupart d'entre ceux-ci est assez peu précise pour qu'on les voie s'adresser à la fois à Confucius, à Bouddha et aux esprits. Tel Coréen suit les règles d'éducation, de morale, de vie sociale de Confucius ; mais il a recours à Bouddha pour formuler un souhait, soit qu'il désire un enfant, soit qu'il rêve la fortune. Enfin, en cas de maladie, avant d'entreprendre un voyage ou une affaire délicate, il ira sacrifier aux esprits.

Si nous examinons le culte populaire, nous nous trouvons en présence d'un mélange de chamanisme, de démonolâtrie, de fétichisme, difficile à tirer au clair, d'autant plus que les Coréens eux-mêmes confondent le tout. Depuis les temps les plus reculés, leur crédulité a admis l'existence de démons, d'êtres surnaturels bienfaisants ou malfaisants, des esprits de toute sorte qui circulent autour de lui, qu'il voit partout, dans l'eau, dans l'air, dans les montagnes, dans les maisons. Chaque maladie est le fait d'un démon qu'il faut se rendre propice en lui faisant des offrandes.

Lorsqu'il chemine, le Coréen sait que l'esprit de la route le surveille ; et certainement, sa pensée doit être absorbée, dans tous les instants de sa vie, par le souci de ne pas offenser tel ou tel de ces êtres surnaturels, dont la liste serait interminable si nous voulions la dresser. Au hasard, nous choisirons ceux qui se manifestent le plus souvent, ceux qui ont des fétiches un peu partout.

A chaque instant, on entend résonner le tambourin de la sorcière *(moutang)* qui vient faire des exorcismes dans une maison où se trouve un malade. C'est alors par un bruit effroyable de tam-tam, et par des offrandes de mets — dont elle profite ensuite — qu'elle chasse le démon de la maladie.

Les *panesou* sont des aveugles qui prédisent l'avenir et en qui le public a une grande confiance. Ce sont encore les *geoscopes*, qui choisissent les emplacements des tombeaux. Ces derniers ont décidé, il n'y a pas longtemps, le transfert des restes de la reine Min, le lieu où se trouvait son tombeau n'étant plus favorable. A la Cour de Corée, les *geoscopes* décident l'emplacement des bâtiments nouveaux à ériger, ou font abandonner tel ou tel travail commencé, sous prétexte que le lieu ou l'époque ne conviennent plus au projet. On comprend aisément leur importance, et avec quel talent les fonctionnaires rusés et habiles utilisent leurs décisions au mieux de leurs intérêts.

Donc, chamanisme, culte naturaliste et grossier fétichisme, telle est la religion de ce petit peuple et des femmes surtout, dont l'imagination est hantée par les exploits de milliers de lutins, qui ne cherchent qu'à leur jouer de vilains tours. « *Moutang* et *panesou* » sont religieusement écoutés. Un père qui a un fils aveugle s'en réjouit, car il sait que l'exis-

tence de la famille est assurée : son enfant est un chamane.
Ces aveugles et sorcières constituent deux corporations importantes avec des chefs. Le gouvernement lui-même exerce
une surveillance et une haute direction sur ces corporations
et les candidats ne sont admis qu'après avoir subi un exa-
men devant la Confrérie.

Panesou. — Comme nous l'avons dit précédemment, les
sorciers et géomanciens sont consultés sur le choix d'un
emplacement de tombeau, de maison, de palais, même pour
les affaires difficiles à conclure et dans les cas de maladie, de
naissance, de mariage, etc. Ils exercent leur influence sur
les démons au moyen de la magie, de rites spéciaux, d'offrandes de mets et d'un bon salaire. Exorcismes, oracles sont accompagnés de danses, de cris et de tambourins. Comme la
clientèle abonde, toujours confiante, il s'ensuit que la profession de sorcier est très lucrative. D'ailleurs, ce n'est pas
une sinécure. Pour satisfaire les croyants et les démons, ils
ont fort à faire. La fortune et le bonheur d'un Coréen étant
au pouvoir des esprits, suivant qu'ils se les rendra propices
ou non, il est assuré de la prospérité ou du malheur pour
lui et les siens. Infortunes, accidents, maladies, incendies,
tout enfin, est soumis à la volonté, à l'influence démoniaque.

Voyons comment s'y prend un « panesou » pour expulser
le mauvais esprit qui s'est emparé d'un malade. Grâce à
quelques coups de sa petite boîte de divination, il reconnaît le caractère et la nature du démon et recherche le moment favorable pour continuer son exorcisme. Il prend ensuite en main une baguette de bois de pin de 50 centimètres
de longueur, qu'il remet à un membre de la famille du malade, pour qu'il la tienne verticalement sur une pierre à
battre le linge. Il prononce alors des formules magiques
jusqu'à ce que la baguette commence à s'agiter et à se soule-
ver au-dessus la pierre, ce qui indique que le démon est
entré en elle. A ce moment, une conversation, ou plutôt un
interrogatoire s'engage entre le sorcier et l'esprit pour véri-

fier l'exactitude de la nature et du nom du démon, ainsi que la cause de la maladie. Les questions sont posées rapidement par le sorcier. Le démon répond par une oscillation de la baguette, ou il ne répond pas. Quand il juge le moment venu, le « panesou » ordonne au démon de disparaître, et, si ce dernier ne répond pas à l'injonction, le sorcier s'apprête à le déloger de force. Il prend alors une baguette spéciale, en bois de pêcher, qui a le pouvoir de chasser les démons, et qu'il fait tenir verticalement sur une petite table par un aide ; puis il récite des paroles énergiques, qui font remuer la baguette en dépit des tentatives de l'aide pour la tenir immobile. Il somme l'esprit de déclarer son but, et il le menace de le chasser, tout en lui préparant des offrandes. L'aide qui tient la baguette magique est, à ce moment, violemment repoussé par une force surnaturelle en dehors de la maison, et il entraîne avec lui le funeste visiteur. Alors, un flacon à large goulot est placé sur le plancher de la chambre et sur une bande de papier est inscrit le nom de l'esprit malfaisant que la divination du *panesou* a pu déterminer exactement. Ce papier, touché par la baguette magique, est mis dans la bouteille ; celle-ci, rapidement bouchée, est portée dans le chemin ou sur le coteau voisin, où on l'enterre. Comme on le voit cette mise en bouteille est assez originale. Mais ces exorcismes durent quelquefois plusieurs jours, et sont accompagnés d'offrandes qui doivent se présenter à des moments déterminés par les rites.

Les offrandes ordonnées par le Gouvernement au printemps et à l'automne, avant les semailles et après la moisson, sont des coutumes de ce culte naturaliste, ce qui montre bien qu'il règne partout, et même dans les classes élevées, auxquelles le confucianisme ne suffit pas. Ces sacrifices sont officiels, et ont lieu partout en Corée, à partir de la tombée du jour. Quelquefois même, ils ont lieu à minuit, mais ils doivent toujours être terminés avant le chant du coq, qui chasse les esprits et détruit les exorcismes. Naturellement, les formules employées par les chamanes n'ont d'effet que dans leur bouche. Cependant, dans les cas critiques, il y a une formule qui peut être prononcée par tous avec quelque chance de succès, c'est la phrase des « vingt-huit étoiles », récitée en avant, en arrière et de côté.

Grâce à des paroles magiques, des signes cabalistiques et des poudres, les chamanes disent l'avenir, retrouvent les objets perdus, tirent l'horoscope d'un enfant avec l'année de sa naissance, le mois, le jour et l'heure. Si l'horoscope annonce quelque mauvaise chance, le sorcier débite des formules spéciales et, d'un arc en bois de pêcher, il tire des flèches en roseau dans un emplacement favorable.

En cas de mariage, la décision de la date par le *panesou* est très importante pour éviter que les mauvais esprits, la malchance n'entrent en ménage avec les jeunes époux.

Le matériel du devin « panesou » se compose d'un petit gong ou d'un tambourin, d'une sonnette, d'une boîte de divination et de baguettes magiques.

Les boîtes de divination ont la forme d'une tortue qui remue la bouche. Elles renferment trois pièces de monnaie, sur lesquelles le sorcier débite une invocation en les lançant trois fois : la combinaison des caractères obtenus lui permet de tirer ses oracles.

Un autre instrument de leur métier est un tube en cuivre ou une canne en bambou fermée aux deux extrémités, sauf un trou percé dans d'une d'elles, et qui permet la sortie de l'une des huit aiguilles de bambou qui sont enfermées dans ce tube. Ces aiguilles portent des entailles dont le nombre varie de une à huit, et qui correspondent à des signes de la Ho-pai, une table de divination chinoise vieille de trente siècles. Le sorcier fait sortir des aiguilles de façon à obtenir huit caractères correspondant à un des symboles, un des signes de la table, à laquelle il se reporte pour déterminer son oracle.

Enfin, ils fabriquent et vendent des amulettes contre les maladies, qui consistent en éclats de bois frappé par la foudre. D'autres charmes consistent en caractères chinois ou en dessins d'insectes tracés à l'encre rouge sur un papier jaune préparé spécialement pour cet usage.

Moutang. — Voyons à présent la catégorie féminine de cette importante corporation de devins ou chamanes.

Le nom de « moutang » s'applique aux sorcières, ainsi qu'à une classe de sorciers, les Pak-Sou-Mou, qui sont des hommes habillés en femmes, et que tout le monde considère comme femmes, du moins dans l'exercice de leur métier.

« Moutang » veut dire sorcière, possédée par le démon ; celui-ci est supposé se saisir de la femme et lui imposer ses volontés. Celles qui entrent dans cette voie doivent rompre toute relation de famille et ne subir d'autre autorité que celle du démon qui les domine. Contrairement aux *panesou*, qui en sont les maîtres, puisqu'ils réussissent à les chasser, à les vaincre, au moyen de formules magiques, les *moutang* n'ordonnent rien aux esprits, mais elles se les rendent propices par des prières et des offrandes. Elles sont aussi très nombreuses et sont appelées partout, chez la plus humble des servantes comme à la cour, pour la reine et les dames d'honneur. Elles exercent donc les pacifications et les propitiations de démons qui se divisent en propitiations occasionnelles et propitiations périodiques ou fêtes des démons. L'une de ces fêtes est publique et a lieu tous les trois ans. Quand le moment est venu, les habitants de chaque village forment un Comité d'organisation, qui dure trois ou quatre jours. Les frais sont couverts par les villageois eux-mêmes. Un sorcier choisit le jour qui doit ouvrir la réunion, et il est nécessaire qu'il prenne des bains fréquents et ne mange pas de viande au moins pendant une semaine avant l'époque fixée pour le choix du jour.

La *moutang* prépare ses offrandes. C'est, en un mot, la fête du démon ou esprit de la localité que l'on veut rendre propice au village. Au jour convenu, une baraque décorée d'étoffes voyantes est dressée près de l'autel du lieu, et au bruit assourdissant des cris et du tam-tam, les moutangs dansent et gesticulent autour de la table des offrandes, composées de mets variés. On suppose que le démon s'incarne dans la sorcière, qui prononce des oracles. Alors, les habitants lui apportent chacun leur bol de riz et lui demandent la révélation de leur avenir pendant les trois années qui vont suivre jusqu'au prochain sacrifice. La moutang brûle des cornets de papier blanc dans le bol ; si le papier reste au fond, c'est un mauvais présage pour l'avenir ; si, au contraire, le papier brûlé vient au bord du bol et s'envole, l'augure est bon.

De même que la *moutang* est louée, car il va sans dire qu'elle ne travaille pas sans salaire, pour se rendre propice le démon d'un village, elle est louée aussi pour le démon de la maison. Pendant ses exorcismes, l'esprit du logis s'incarne en elle et lui révèle l'avenir. C'est à elle qu'on a recours pour purifier la demeure visitée par la mort, la maladie ou toute autre cause qui est l'œuvre d'un mauvais génie, dont l'arrivée intempestive oblige l'esprit gardien du logis à quitter la place. Il s'agit de faire réintégrer le domicile au fugitif, et ce sera la *moutang* qui y parviendra, au moyen de ses baguettes, de ses formules magiques et de ses prières spéciales, pendant que résonnera le tam-tam, et que l'eau pure sera versée sur le plancher de la maison.

Voici, d'ailleurs, comment elle s'y prend pour faire réintégrer au logis l'esprit tutélaire. Elle attache une bande de papier autour d'une baguette de chêne, qu'elle tient en l'air, et elle sort à la recherche du fuyard. Quelquefois, l'esprit se tient tout près de la maison, d'autres fois, il est très loin, mais la sorcière reconnaît sa présence parce que, lorsqu'elle le rencontre, il secoue si violemment la baguette que plusieurs hommes ne peuvent la tenir. La moutang le rapporte alors à la maison, où il est reçu avec les plus sympathiques démonstrations. Le papier qui entourait la baguette de chêne est alors, avec quelques menues monnaies à l'intérieur, plié et trempé dans du vin coréen, puis lancé contre une poutre de la maison, où il se colle. On jette ensuite contre ce papier une poignée de riz, dont quelques grains restent adhérents : c'est en ce point que l'esprit de la maison désormais résidera, jusqu'à ce qu'un nouvel événement vienne provoquer sa fuite.

Les sorcières ont plusieurs procédés de divination. Tantôt elles jettent des grains de riz sur une table et observent les combinaisons formées ainsi au hasard par les grains. Tantôt elles emploient un bâton de noisetier surmonté d'un cercle garni de clochettes, et c'est alors aux sons du carillon qu'elles reconnaissent les intentions du démon.

Les Coréens, qui ont une grande préférence pour leurs garçons, et désirent que leur avenir soit le plus heureux possible, les consacrent à un esprit, pensant que c'est la meilleure façon de leur éviter les mauvais tours des démons. Bien entendu, cette consécration ne peut se faire que par l'intermédiaire des exorcismes des moutangs. On ajoute au nom de l'enfant celui de l'esprit à qui il est consacré. C'est souvent à la moutang elle-même que l'enfant est confié. Dans ce cas, elle apprend — par un rite spécial — au démon qui la possède qu'elle doit prendre cet enfant sous sa protection. Elle emporte de la maison du père un bol de riz, une cuillère enveloppée dans un morceau d'étoffe de coton, sur lequel est écrite la cession du jeune garçon, et elle place ces objets chez elle, dans la chambre réservée à son démon. Aux fêtes périodiques, elle fera des offrandes à ce dernier en faveur des enfants ainsi adoptés.

Lorsque la « moutang » est appelée auprès d'un malade, elle arrive avec une aide. Celle-ci apporte un panier. Elle s'assied sur le sol, et se met en devoir de gratter ce panier avec un morceau de bois, imitant ainsi le bruit d'un rat. C'est leur manière spéciale pour faire appel à un esprit. Pendant ce temps, la sorcière danse, s'agite avec frénésie, invoque l'invisible. C'est au moment où son agitation est à son comble que l'auditoire, assis tout autour de la chambre, estime que le démon s'est emparé de la femme, qu'il parle par sa bouche. Elle crie, en effet, et révèle son nom ; elle dit ce qu'il faut faire pour guérir le malade, quelle somme il faut ajouter pour que la guérison soit certaine. Ceci fait, le malin est supposé s'en être allé du corps de la sorcière, et celle-ci, soudain calmée, ne laisse plus voir aucune trace de sa récente crise. Il est même à remarquer que la crédulité de ces pauvres gens est si grossière que les sorcières, en somme habiles à les exploiter, ne se donnent souvent même pas la peine de simuler la moindre fatigue, le moindre épuisement.

Enfin, nous ajouterons encore que le peuple a recours à la « moutang » pour se mettre en communication avec l'esprit des morts. Ceux-ci sont questionnés sur ce qui se passe dans le royaume des Ombres. On veut savoir s'ils ont vu telle ou telle personne morte depuis peu ou d'ancienne date, et ils répondent avec d'autant plus de sang-froid qu'ils ne craignent pas d'être contredits. Dans la croyance des Coréens ignorants, l'autre monde est gouverné par un chef dont il est difficile d'obtenir les faveurs. Il s'agit donc de faire quelque chose pour le mort en lui conciliant les hautes protections du lieu. Aussi, lorsque la conversation est terminée avec le défunt, dit-on à la « moutang » d'appeler le Grand Juge (ils ont dix juges pour le royaume des Morts), et c'est le Juge suprême que l'on invoque en lui présentant des mets et en le priant de rendre l'existence dans l'autre monde facile à celui qui est parti. Généralement, le Grand Juge promet tout ce qu'on veut, et se retire en remerciant la compagnie des mets excellents qu'elle lui a présentés. Et la séance de démonolâtrie est levée.

Nous terminerons cette longue série des services rendus par les sorcières en disant qu'une de leurs plus importantes fonctions est d'être l'intermédiaire avec le Kwe-yuk Tà-Sin ou le Grand esprit de la petite vérole, car c'est la seule maladie qui ait le privilège de posséder son esprit à elle. C'est qu'elle est la maladie la plus redoutée, étant la plus fréquente, et trop souvent entraînant la mort. Lorsque la petite vérole a été constatée dans une famille, les membres ne doivent plus se peigner, ni changer de vêtements, ni balayer la maison. Il ne faut pas implorer l'esprit protecteur de la maison. Les parents du malade ne doivent manger que du riz sans fèves.

Enfin, aucun animal ne doit être tué, parce que le sang versé ferait gratter et saigner le malade.....

Le danger de tuer des animaux pendant la petite vérole a a été récemment attesté pendant la maladie du jeune prince. Le Gouvernement a défendu d'abattre nul bétail pendant neuf jours.....

Le treizième jour est regardé comme celui où le danger est conjuré. L'esprit se retire alors et la « moutang » préside à son départ, en lui présentant des mets et un petit cheval en bois — confectionné dans ce but — et chargé de menues monnaies et de riz, provisions de voyage du dangereux visiteur, auquel on souhaite un bon retour à sa résidence personnelle.

. . . .

. . . .

. . . .

Les « moutang » appartiennent à la basse classe de la société. Leur profession est héréditaire. Il paraîtrait qu'elles sont aussi adoratrices de Bouddha, car leur maison renferme des images de ce dieu à côté de celles des démons. Autrefois, elles prédisaient l'avenir en observant les mouvements d'une tortue de mer, sur la carapace de laquelle elles appliquaient un fer chaud, ou en observant, comme les pythonisses de Dodone, les feuilles de certains arbres. Aujourd'hui, leur profession s'est compliquée, ce qui montre que le prestige de ces chamanes n'a pas diminué d'importance. Les filles prennent les leçons de leur mère en les accompagnant. Il y a aussi — comme je l'ai dit précédemment — celles que le démon possède soudain, et qui, par ce fait, sont désignées pour ce métier. Pendant le temps de leur maladie, ces possédées rêvent de dragons, d'arcs-en-ciel, de pêchers en fleurs ou d'un homme d'armes subitement transformé en animal; elles profèrent des paroles grossières, voient beaucoup de choses curieuses, et menacent de mort tous les gens de la maison, si on ne leur permet pas de se livrer à la pratique des exorcismes. Il en est même dont l'imagination est tellement frappée par ces divagations démoniaques qu'elles succombent devant la résistance de leur famille.

Quand une fille noble est possédée par le démon, on la tue, ou l'on s'en débarrasse, pour que la disgrâce ne retombe pas sur toute la famille. Celle qui embrasse sa nouvelle vocation quitte les siens, et va habiter la maison d'une « moutang » décédée dont elle prend les vêtements et les instruments. Cette prise de possession s'accompagne, bien entendu, d'exorcismes. Elle inscrit ensuite son nom sur une tablette, qu'elle place dans une chambre, et commence à exercer son métier.

Toute « moutang » doit posséder plusieurs robes, dont quelques-unes très coûteuses, un tambourin de forme spéciale, des cymbales en cuivre, une baguette en cuivre surmontée de clochettes, des bandes de soie, des bannières qu'elle déploie quand elle danse, des éventails, des ombrelles, des baguettes magiques, des images d'hommes et d'animaux, des gongs, et une paire de paniers allongés employés — comme nous l'avons dit précédemment — pour s'emparer de l'esprit de certaines maladies, que l'on attire au moyen de grattements. La pratique des exorcismes entraîne certains jeûnes. Il arrive parfois que les sorcières mettent une telle frénésie dans leurs danses qu'elles tombent inanimées, l'écume à la bouche, et ont besoin de soins empressés pour échapper à la mort. Elles gagnent très largement leur vie et celle de leur famille. Aussi trouvent-elles parfois à se marier, mais, dans l'esprit de l'astucieux mari, c'est à seule fin d'avoir toujours une table bien garnie. Les sorcières de bonne famille exercent à domicile, et sont enterrées sur un flanc de coteau, avec les instruments de leur profession.

Les esprits et les démons qui peuplent l'univers des Coréens sont innombrables. Nous indiquerons — d'après le Rév. Jones — les plus connus. Il faut ajouter qu'en dépit de la plus que certaine origine indigène de ce culte de la nature et de toute cette démonolâtrie, c'est sous la forme chinoise qu'il est surtout pratiqué, en ce sens que l'on retrouve, dans toutes

les formules et les cérémonies qu'il comporte, les caractères
et les prédictions chinoises.

Esprits de haut rang.

1. Esprit du ciel.
2. Esprit de la terre.
3. Esprits des montagnes et des collines.
4. Esprit des Dragons.
5. Esprits gardiens des districts.
6. Esprit de la foi bouddhique.

Fig. 1. — Fétiches du village de Solmorro.

Esprits de la maison

7. Esprit de la toiture (c'est le chef de tous ceux de la maison).
8. Esprit des meubles et des tentures.
9. Esprit démon de la famille Yi.
10. Esprit de la cuisine.
11. Esprit serviteur de l'esprit démon de la famille Yi.
12. Esprits qui servent leurs ancêtres.

13. Les gardes et servants de l'esprit démon de la famille Yi.
14. Les esprits qui assistent les jongleurs.
15. Esprit de la petite vérole.
16. Esprits qui prennent la forme d'animaux.
17. Esprits qui prennent possession des jeunes filles et en
    font des sorcières.
18. Esprits des Sept Etoiles qui forment le Plongeur.
19. Esprit du lieu de la maison.

Fig. 2. — Fétiches du village de Solmorro.

Différents esprits.

20. Esprits qui font les hommes braves.
21. Esprits qui résident dans les arbres.

Tout arbrisseau noueux, tout arbre difforme, est supposé
être la résidence de l'un de ces esprits. C'est eux qui cau-
sent les morts violentes ou prématurées. Toute personne
morte avant l'âge de soixante ans est regardée comme victime
de l'un de ces esprits.

22. Esprits qui poussent les tigres à manger les hommes.
23. Esprits qui font mourir les hommes sur les chemins.

24. Esprits qui rôdent autour des maisons, causant toutes sortes de calamités.

25. Esprits qui font mourir les hommes loin de leur habitation, de leur village.

26. Esprits qui font mourir certains hommes pour d'autres, comme remplaçants, comme délégués.

27. Esprits qui font mourir les hommes par strangulation.

28. Esprits qui font mourir les hommes par noyade.

29. Esprits qui font mourir les femmes en couches.

30. Esprits qui inspirent le suicide aux hommes.

31. Esprits qui font périr les hommes dans le feu des incendies.

Enfin, les esprits de la peste, du choléra, etc., etc. Dans ce peuple de lutins bons et méchants, tout asiatique, certains personnages apparaissent comme propres à la Corée. Tel est le personnage mythique appelé Tan-Koun, dont la légende se place vers 2300 avant Jésus-Christ.

Ouang-eung, fils du créateur Chisok, descendit sur la terre pour y créer un royaume terrestre (2332 av. J.-C.) Il se reposa avec ses compagnons sous un arbre, le « Pak Tal », et se proclama roi de l'Univers... Il choisit comme lieutenants le « Gouverneur de la pluie », le « Général du vent » et le « Maître des nuages ». Il entendit un jour un tigre et un ours qui prétendaient devenir des hommes. Il leur conseilla pour cela de s'enfermer dans une grotte pendant vingt et un jours sans essayer de voir la lumière. Ils obéirent, mais le tigre sortit avant la date fixée. L'ours, plus patient, resta vingt et un jours enfermé, et se transforma en une superbe femme. Le premier désir de celle-ci fut d'avoir un fils, et, comme elle émettait ce vœu, Ouang-eung, qui passait par là sur le vent, l'entendit et exauça sa prière. Elle eut un fils, et c'est lui que les indigènes à demi sauvages trouvèrent sous l'arbre Pak et appelèrent Tan-Koun.

Nous avons une idée, d'après la liste précédente, de la variété de ces esprits tourmenteurs des hommes. On leur attribue des fétiches : papier, pierre, bois, paille, vêtements, arbres, etc., etc., qui sont sacrés aux yeux du Coréen, pour lequel une identification complète existe entre l'esprit et son fétiche.

Voyons à présent ce que sont les esprits de haut rang. Nous avons pour cela eu recours au très intéressant travail du Rev. Jones M. A., publié dans les comptes rendus de la « Royal Asiatic Society, Korean branch », ainsi qu'à celui de M. Maurice Courant sur les cultes coréens.

A tout seigneur tout honneur. Voici O-bang-tchang-goun *(tchang-goun* signifie le chef du monde, et *o-bang* les cinq côtés). Cela veut dire les esprits, les généraux des cinq parties du ciel, et ils portent des noms spéciaux correspondant au ciel oriental, méridional, occidental, septentrional et central. Ce sont les principales divinités coréennes qui gouvernent le ciel, celles que les chamanes invoquent pour combattre les démons.

Tan-Koun, le seigneur mythique, sacrifiait au ciel à Kang-Hoa, au sommet du Mari-Sane, à la 10e lune. Les rois du Sin-raï également. Des sangliers et des cerfs étaient sacrifiés au ciel. Partout, et en tout temps, on a sacrifié au ciel, et en temps de guerre pour obtenir la victoire.

Pour M. Courant, ces sacrifices ne sont pas d'origine chinoise, car en Chine ils sont réservés à l'empereur seulement, tandis qu'en Corée ce droit est étendu à tous. Les sacrifices consistent en pâte de riz et en fruits offerts sur les autels en expiation, et pour se rendre favorables ces puissances célestes. Des prières sont récitées dévotement, avec accompagnement de clochettes et pendant que l'encens brûle. Les noms des maîtres du ciel sont écrits sur une bannière placée au-dessus de l'autel. Ce sont les « panesou » qui sont chargés des sacrifices .

Ces *o-bang-tchang-goun* sont les dieux tutélaires des villages ; ils détournent de ceux-ci les esprits errants et malins qui rôdent aux alentours, dans les vallées. Leurs fétiches sont nombreux et placés par groupes à l'entrée et à la sortie des bourgs, des hameaux, ou à l'entrée d'une vallée. Mais il semblerait cependant qu'en divers endroits, ces grossiers féti-

Fig. 3

ches sont délaissés, car ils jonchent le sol et seront employés probablement un jour comme bois de chauffage (fig. 1 et 2).

Placés, comme nous l'avons dit, à l'entrée des villages et

des vallées, ces fétiches sont souvent précédés d'une longue
perche plantée en terre, et au sommet de laquelle est fixée
une racine d'arbre grossièrement taillée en forme de canard,
qui est l'insigne des généraux (fig. 3). On leur offre des sacrifices au printemps et à l'automne. Ces images, appelées aussi
tsou-sari (rangée de soldats) sont grossièrement sculptées
dans des poteaux en chêne ou en sapin. Elles représentent
des figures humaines monstrueuses, quelques-unes recou-

Fig. 4.

vertes d'un chapeau de mandarin à ailettes. Des bras sont
quelquefois rapportés et fixés sur les côtés du poteau, ainsi
que le nez et les oreilles. Ils portent, en outre, en caractères
sculptés ou écrits, la distance de la localité au chef-lieu. Ils
servent donc en même temps de poteaux indicateurs. Mais
il faut également les distinguer des *Tchang-seung* (fig. 4),
qui sont, eux, réellement et spécialement des poteaux indicateurs sans caractère fétichiste, et qui sont pourtant de forme
identique à celle des *tsou-sari*. Ce sont des poteaux à face hu-
maine que l'on trouve sur toutes les routes de la Corée, de
10 lis en 10 lis ou de 5 en 5 lis (fig. 3). Ils sont peints en
rouge et en noir, mais, eux aussi, tombent en ruines et

ne sont pas remplacés. Ils sont la survivance, ainsi que les fétiches *tsou-sari*, d'une époque de barbarie, qui cède le pas rapidement aux progrès d'une civilisation tout européenne en Corée.

Voici la légende rapportée au sujet des poteaux *Tchang-seung*. Au temps jadis, un noble, du nom de Tchang, accusé et reconnu coupable de trahison, fut mis au pilori. Il fut décidé, pour rendre sa mémoire exécrable à tout le peuple, qu'il serait figuré sur des poteaux de bois, et que ceux-ci seraient plantés partout sur les chemins. Il est possible que l'on ait eu l'idée d'utiliser ensuite ces poteaux comme indicateurs de distances.

Lyon. — Imp. A. REY, 4, rue Gentil. — 35088B

274

www.ingramcontent.com/pod-product-compliance
Lightning Source LLC
LaVergne TN
LVHW051138060726
842526LV00006B/2115